GEDICHTE GESCHICHTEN & GEDANKEN

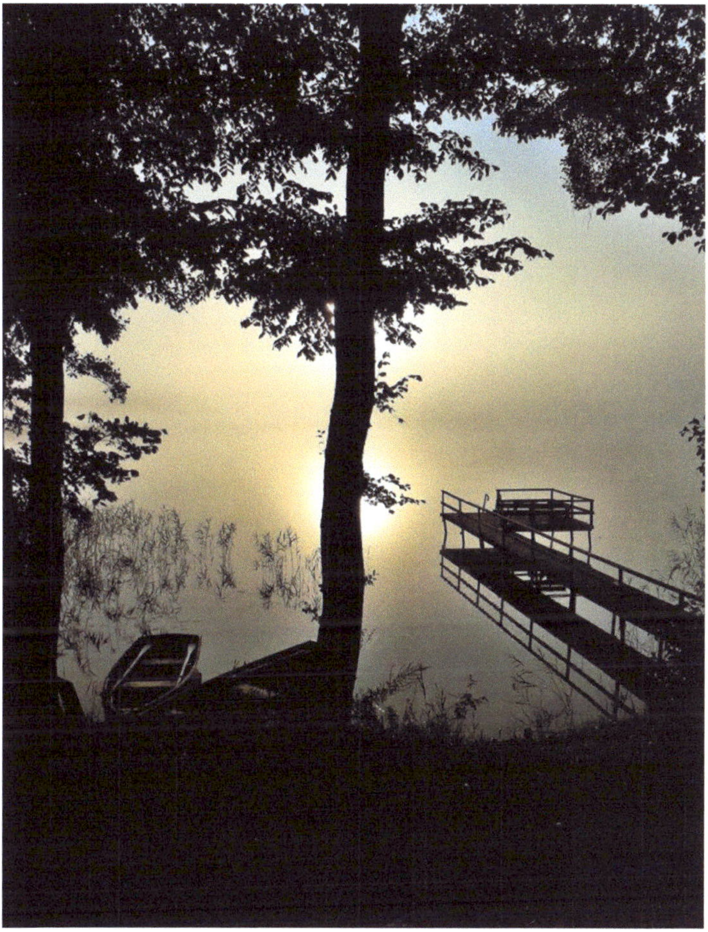

Claudia J. Schulze / K.W. Schulze

Impressum: © Claudia J. Schulze & Klaus-Wolfgang Schulze,
Bilder: Mike Crawley, Lexington, U.S.A,
Vita Tucaite, Vilnius, Litauen,
Lektorat: Phillo, Leipzig
Herstellung und Verlag:
Books on Demand (BoD) Norderstedt, 2019
ISBN: 9783752879001

DIE BLUME DES ANFANGS

Ich suchte sie,
Da ich nur die andre kannte.
Vom Dichter einst sie so beschrieben,
Stark und streng in ihren Trieben,
Doch sollte es auch meine sein,
So hoffte ich für sie allein.
Denn nur diese, wenn sie offen,
Lässt uns dann und wann noch hoffen.

(Claudia J. Schulze)

BAUMES WURZEL

In der Erde Tief´ verbunden,
Dort, wo Menschen es nicht seh´n,
Haben Wurzeln sich gefunden.
Mag´s der Baum allein versteh´n.
Nichts ist tot, nur manches ruht,
Kommt wieder mit ganz neuem Mut.

Mögen hoffen und uns öffnen,
Auf dass weiter wir bestehn,
Sich auch uns die Wurzeln weben,
Wo wir durchs das Leben streben -

Welches wohl, so steht es sicher,
ganz genau so vorgesehn,

(Claudia J. Schulze)

DER GARTEN

Bereits als Kind sagte man über mich, dass ich immer am Lachen sei, und tatsächlich fühlte sich alles in mir nach Lachen an.

Nach Lachen, Wärme und Sonne.

Dann, ich weiß es noch genau, denn es war kurz vor meinem 10. Geburtstag, kam eine so große Traurigkeit über mich dass ich dachte, wenn sie je wieder wegginge, dann hätte sie auch mein Lachen mit sich fortgenommen.

Ich hatte mich, das möchte ich gleich zu Beginn festhalten, geirrt. Es kam in den nachfolgenden Jahren immer wieder zurück, zuverlässig wie eine Jahreszeit.

Zwar kam auch die Traurigkeit immer wieder, doch wurde sie leichter zu ertragen durch das Wissen, dass sie sich mit meinem Lachen lediglich abwechseln, und es verbürgt zu mir zurückkehren würde.

Dies blieb so bis zum Tod meiner Mutter. Vom Tod meiner Mutter an war dieses Lachen weggegangen und weder im zweiten noch im dritten darauffolgenden Jahr wieder zurückgekehrt.

Nach dem langen Winter, der dem dritten Jahr gefolgt war, setzte ich mich in ein Flugzeug und flog, ohne lang darüber nachgedacht zu haben, nach Sizilien. Die Touristensaison hatte noch nicht so recht begonnen, was mir entgegenkam, da ich mich selbst noch nicht reif für all das geballte Leben fühlte, welches dann dort vorherrschend sein würde. Allein die Natur war bereits aufgegangen. An den Klippen zum Meer hin fühlte ich mich in einen paradiesischen Garten versetzt: Kakteen, afrikanische Zedern, Büsche, Wüsten-Palmen, Zitronen und Orangenbäume, riesenhafte Blumen und Blüten. Mein Herz schlug, allein schon bei diesem Anblick, schneller und lauter in mir. Der Anblick war so schön, dass er beinahe schmerzte. Das Hotel war auf einer Anhöhe gelegen, so dass ich bis hin zum griechischen Theater und weit auf das Meer hinaus blicken konnte.

Oft hielt ich mich an dieser Stelle des Hotels mit dem besten Blick bis hin zum mit Schnee bedeckten Ätna auf. Es war ein besonderes, liebenswertes Hotel. Alle waren von sehr großer, familiärer Freundlichkeit. Mehr als das.

Ein junger, auffällig schüchterner Kellner mit freundlichen, warmen Augen, ich mochte ihn sofort, legte mir an jedem einzelnen Tag eine Blüte auf den Teller, die er von den Sträuchern vor dem Speisesaal abgepflückt hatte. Das machte er nur bei mir. Zudem brachte er mir an jedem Tag ein extra Brötchen und einen Tee aus Orangenblüten, so als machte er sich Sorgen darüber, dass ich nicht genug zu essen oder zu trinken bekommen würde. Immer, wenn er in meiner Nähe war, fühlte ich mich sicher. Seine liebevollen Gesten hatten nichts Aufdringliches- im Gegensatz zu manch anderen Gesten der sizilianischen Männer. Ich weiß nicht woran es genau liegt, doch insbesondere süditalienische Männer fühlen sich zu mir ganz besonders hingezogen. Ihre Blicke verfolgten mich im Speisesaal, auf der Straße, selbst in der Kirche. Es gab da einen kleinen Park, in den ich mich in den Fällen zurückzuziehen pflegte, in denen mir dies alles zuviel wurde. Und dort traf ich ihn: Einen sonnengegerbten Mann mit hellen Augen, der aus unerfindlichen Gründen einen griechischen Namen trug, wenngleich er, wie er mir versicherte, Sizilianer sei- schriftlich belegt und veredelt durch viele Generationen, die vor ihm bereits hier lebten.

Er war alt, und als ich mich zu ihm setzte, seufzte er auf und sagte mit einem Bedauern zu mir gerichtet, wie überaus schön ich sei, und er wiederum...mit einem sich selbst und wen-immer anklagenden: „Warum bin ich so alt?" und einem resignierenden Achselzucken gab er auf. „Du lachst nicht viel, oder?" Ich nickte um das zu bestätigen. „Aber das Lachen ist das Vorrecht der Jugend, oder etwa nicht?" „Damit habe ich keine Erfahrung", gab ich knapp zurück, da mir der Zusammenhang nicht so recht klarzuwerden vermochte. „Ich kann Dir Dein Lebens- Lachen zurückgeben", versprach er, „denn wenn du nicht lachst, dann lebst Du nicht. Ich kann Dir also - in aller Bescheidenheit- Dein *Leben* zurückgeben." Unwillkürlich dachte ich an die Momente, in denen ich gelacht hatte. In meiner Erinnerung reihten sie sich auf wie die Perlen der schönsten Kette, die ein Auge jemals erblickt haben mochte. Doch weit war sie meinem Blick mittlerweile entschwunden, ein unbekannter Dieb hatte sie mir genommen, für immer, wie es mir mittlerweile erschien. Und dieser alte Mann, etwas schlitzohrig und der Beschaffenheit seiner Haut nach zu urteilen etwa 300 Jahre alt, wollte sie diesem Dieb wieder abjagen? Was würde er dafür wollen? Dass im Leben nichts umsonst ist, das wusste ich bereits. „Was hast Du denn zu verlieren?" wollte der Alte nun wissen. Müde von der ungewöhnlichen Wärme und den schweren Düften des tropischen Gartens willigte ich ein.

Und dieser Tag, gefolgt von der Nacht, sie gaben mir nicht nur diese Kette wieder. Es war ein unendlicher Schatz aus perlendem

Lachen, aus Freude, aus grenzenlosem Übermut, aus dem Duft südlicher Früchte und einem leichten, warmen Wind, der vom Meer herzog und meine Haut streichelte.

Eine Nachtigall hörte ich auch- weit, weit und leise aus der Ferne. Ich habe versprochen über diese Nacht nichts weiterzugeben, doch befand sich in ihr…, wurde in ihr etwas bewahrt. Die Essenz meines Lebens- verdichtet auf diese wenigen Stunden einer einzigen Nacht. Eines Tages und einer Nacht.

Als ich des Morgens in mein Hotel zurückkehrte, fiel mir auf, dass sich etwas geändert hatte.

Die Männer blickten mir nicht mehr nach, sie winkten nicht mehr aus Autos oder Bussen heraus, sie riefen mir nichts mehr quer über die Straße zu, pfiffen mir nicht mehr hinterher. Das Fehlen dieser Aufmerksamkeiten wunderte mich, doch noch mehr begriff ich, dass sie mir merkwürdigerweise mit einem Mal fehlten, was mich ein wenig wehmütig stimmte. Der steile Weg, welcher zu dem Hotel führte erschien mir zudem weitaus beschwerlicher zu sein als noch beim letzten Mal. Unbemerkt gelang es mir mich in mein Zimmer zu schleichen, da die Rezeption zur Frühstückszeit meist nicht besetzt war. Auch die Treppen bereiteten mir eine ungewohnte Mühe. Beim Öffnen meiner Tür fiel mein Blick auf die Hand, welche den Schlüssel hielt. Es war meine Hand und doch nicht meine. So schnell ich konnte eilte ich ins Badezimmer, denn ein furchtbarer Verdacht war in mir aufgekommen und schnürte alles Leben in mir zusammen.

Der Blick in den Spiegel bestätigte meine Ahnung, und ich kann nicht sagen wie ich es ins Bett geschafft habe ohne vor Entsetzen zu schreien.

In nur einer Nacht war ich zu einer alten Frau geworden.

Der rätselhafte Mann hatte mir das Leben zurückgegeben und mich zugleich mit eben jenem bezahlen lassen. Eine ungeheure Wut schlug in einer riesigen Welle in mir hoch, um gleich darauf wieder in sich zusammenzufallen. Im Bett, mit dem weißen Laken bedeckt, spürte ich meine Kräfte schwinden, und auch mein Groll auf den Alten war nur noch ein leises Echo.

Er hatte mich um nichts betrogen. Er hatte mir vielmehr den Anteil des Lachens gegeben, welches mein Leben noch für mich bereitgehalten hätte. Doch hatte er die Durstzeiten dazwischen, die dunklen Kapitel übersprungen. Ja, um diese mochte er mich betrogen haben, doch persönlich fand ich, dass es schlimmere Vergehen als diese gäbe.

Man kann hier allerdings, das gebe ich zu, geteilter Meinung sein. Er hatte die Seiten meines Lebensbuches so rasend schnell umgeblättert und mir jede Seite, die ein Lachen enthielt, vorgelesen, vorgelacht und vorgetanzt- in einem übertragenen Sinn.

Wieder blickte ich zu meinen Händen. Den zerbrechlichen Händen einer alten Frau, von diesen unvermeidbaren Linien durchzogen wie eine Schale aus Marmor, die, bereits zerbrochen, noch einmal notdürftig zusammengefügt worden war.

Keiner der jungen, schönen Männer, die mich gestern noch mit ihren schmachtenden, feuchten Blicken, mit seufzenden Versprechen bedacht hatten, würden freiwillig diese Hand, diese Hände nun berühren wollen.

Das musste doch ein Traum sein- oder etwa nicht? Konnte so etwas sein?

Mir war so schwindlig, so traurig und schwach ums Herz. Es klopfte vorsichtig an der Tür. Ich rief etwas wie „Herein", und der Kellner mit den freundlichen, dunklen Augen stand da, vor mir, mit einem Brötchen, dem Tee und einer Blüte, die sich von der Dunkelheit des Tabletts zauberhaft abhob.

Er lächelte so strahlend wie immer, setzte sich auf die Bettkante und nahm sie, diese kleine, alte Hand, als wäre sie ihm unendlich wertvoll und küsste sie.

„Ich glaube, dass ich heute sterben werde", sagte ich ihm.

„Außerdem bin ich mir nicht sicher, ob ich dieses Brötchen hier noch essen kann….habe gar keinen Hunger. Ist das normal, ich weiß es nicht…"

Meine Stimme klang aus, war kaum mehr noch als ein zaghaftes Flüstern.

Da lege er die Blume in meine Hand, nickte und küsste meine Stirn.

„Es ist alles ein Traum, Cara", sprach er leise ohne auf meine Frage zu antworten. „Alles ist ein Traum."

Ich schloss die Augen und spürte dennoch, dass er neben mir saß und meinen Schlaf beschützte. Ob ich wieder aufwachen würde? Ich wusste es nicht.

Doch als der erste bewusste Traum dieses bereits sehr warmen Vormittages sich auf mich legte, da hörte ich es wieder- das unsterbliche Lachen aus dem Garten, in dem ich die Nacht verbracht hatte.

Du fehlst mir mit einer zur Alltäglichkeit gewordenen Selbstverständlichkeit, die mich so hartnäckig begleitet, dass selbst das Gefühl von Schmerz einer Akzeptanz des Unabänderlichen gewichen ist. Dort, wo Du warst, ist es leer, und diese Leere gehört nun auch zu mir. .Allein schon der Versuch sie loszuwerden, sie zu überdecken, würde genau dieser unbeugsamen Selbstverständlichkeit sicherlich nur ein überraschtes Lächeln entlocken. Wenn überhaupt.

Sogar dieses Lächeln wäre wohl schon zuviel investiert in etwas, das dessen nicht bedarf. Denn bereits vorher scheint festzustehen, dass es Dinge gibt und Menschen, die uns, auch wenn sie fern sind, weiterhin so unauslöschbar begleiten, als seien sie der Teil unseres Selbst, von dem wir uns nicht trennen können, wenn wir überleben wollen. Versuchen wir die leere Stelle, die sie hinterlassen haben, ausauszulöschen

Sie berühren die Teile unseres Selbst, die nicht überschrieben werden können, ohne dass wir selbst daran Schaden nehmen. An fast allem kann ich zweifeln - nur daran nicht. Und deswegen ist es wichtiger diese Leere mich begleiten zu lassen und mich von ihr auf eine Art auch stärken zu lassen, da eben ihre Selbstverständlichkeit stärker ist als jeder Zweifel und stärker als jeder billige und letztlich unwürdige Versuch sie zu überdecken.

(Claudia J. Schulze)

Mir schien beinah als riefen sie

Dann und wann nach mir:

Verwandte Seelen

Die Lange schon entschliefen

Und längst nun nicht mehr hier.

Riefen mit einer Stimme, Weise,

Zunächst fast ungehört

Gleichsam erinnernd an die Zeit

Die nichts im Hier zerstört

Da endlos sie – und weit.

Vertrauend, dass ich komme

Ruhig und auch bereit

So ich dann schließlich folge

In ihre Ewigkeit

(Claudia J. Schulze)

MITTLER

Etwas mitnehmen von der einen in die andere Welt, das können wir – so sagt man – nicht.

Doch gibt es da etwas.

Etwas, das uns mitnimmt, wenn wir gehen.

Etwas, das uns hinüberträgt auf dem Mittler zwischen den Welten, dem ruhigen Strahl der Liebe, die wir gaben und empfingen.

Erinnerungen härten, schmerzen
Dunkles Blau tief

Erinnerungen weiten
helles Weiß
Wiegen

Dunkles Blau
Helles Weiß
Farben aus dem Erdenkreis

Erinnerungen

Weichen, weichen,

Weit.

(Claudia J. Schulze)

Sterben heißt, das Leben teilen
(Claudia J. Schulze)

Gab es Dich?
Oder träumte ich Dich nur?
Nicht *nur*

Denn habe ich
Dich träumen müssen,
Um Dich zu erfinden
Wieder.

Wie sonst hätt´ich Dich finden können.

Du warst da.

Meine Hand hielt niemand fester.

(Claudia J. Schulze)

Mädchen mit Taube

Wie ich in dieses riesige Kunstmuseum gelangt bin, kann ich nicht sagen. Irgendjemand hat mich hergebracht. Mitten in der Nacht und mit verbundenen Augen. Schließlich hat er mich im Kreis herumgedreht, damit ich die Orientierung und den Weg vergessen sollte. Das geht mir, jetzt wo ich trauere in den Nächten häufig so. Dann hat er, den ich nicht kenne, mir die Augenbinde abgenommen und ist verschwunden.

Das grelle Licht schmerzt in meinen Augen. Eine überwältigende Anzahl bekannter und unbekannter Kunstwerke hängt an den Wänden. Nahezu unfassbar ist die willkürliche Mischung aller nur vorstellbaren Stilrichtungen und Epochen.
Der Andrang vor den Bildern und das lauter und lauter werdende Gemurmel von Stimmen in allen erdenklichen Sprachen stechen mir unbarmherzig im Kopf.
Und dann ziehen die Bilder an mir vorbei. Zu jedem Bild fällt mir ein Mensch ein, den ich kenne oder kannte,

mit dem ich befreundet war oder den ich geliebt habe oder noch liebe, der in mein Leben getreten oder aus ihm gerissen wurde.

In den bäuerlich derben Bildern van Goghs erkenne ich einen alten Studienfreund. In den nachtbläulichen, schwankenden von Träumen durchzogenen Liebesbildern von Chagall sehe ich meinen Mann.

Mit meinen Fingerspitzen berühre ich die explosiven Farbmischungen und tausend violette Schmetterlingsblitze durchzucken meine Hand. Und dann sehe ich Munch, Popper, Breughel, Monet, Warhol....die Freundin, den toten Großvater, die verstorbene Nachbarin, den Kunstlehrer, die Cousine – Bilder, Schicksale, Leben, Geschichten. Ich sehe sie in Bildern, in Bildabfolgen oder in winzigen Ausschnitten einzelner Bilder.
Aber wo ist meine Geschichte? Wo ist sie jenseits dieser Bilder, dieser Menschen und die-ser Gegenwart? Mein Nacken schmerzt, mein Mund IST trocken, meine Augen ertragen den gewaltigen Andrang der Eindrücke nicht länger. Ich schließe sie.

Doch es hilft nichts. Auch vor meinem inneren Auge laufen die Bilder weiter. Erzeugen Assoziationen. Rufen Informationen ab. Halten mich wach und wund und unerträglich flatternd.
Ich spüre deutlich wie mir etwas fehlt. Denn ich kann mich an nichts wirklich erinnern. Unsicherheit steigt in mir auf. Zunehmend fühle ich mich orientierungslos in diesem unendlich erscheinenden, so gnadenlos öffentlichen und überfüllten Raum.
Mein Herz pocht schmerzhaft und wild warnend in meiner Brust. Es schnürt mir den Atem ab.

Woher komme ich? Was war, bevor ich in diesen Raum gebracht wurde?

Unter meinen Füßen bewegt sich etwas wie ein Fließband, welches die Besucher von Bild zu Bild gleiten lässt. Ich habe keinen Halt.

Plötzlich stoppt die Bewegung mit einem Rucken. Ich öffne die Augen- oder zumindest glaube ich sie zu öffnen. Dann stehe ich vor einer wirklichen Erinnerung. An meine Geschichte.

Ich spüre sie, ich ahne es, als ich auf dieses Bild blicke. Dieses Bild hing in meinem Zimmer. Bei mir zu Hause. Mein ganzes Leben lang. Schon bei meiner Geburt.

Ich weiß nicht woher ich das weiß. Aber ich bin mir plötzlich so sicher. Wieder fällt mir ein Mensch zu diesem Bild ein. Aber er verändert seine menschliche Form und wird zu einem Wegweiser.

Als bunter Ball rollt er aus dem Bild. Rollt vor mir her. Lässt mich ihm folgen und rollt wieder in das Bild hinein. Schließlich bleibt er vor ihren Füßen liegen.

Vor den Füßen des „Mädchens mit Taube" von Picasso.

Nachdenklich steht es da und etwas melancholisch. Den Kopf leicht zu Seite geneigt. Aber es steht dennoch fest und klar. Die Taube hält es ruhig in seinen Händen. Alle Umrisse sind klar und sicher.

Ich fühle wie diese Sicherheit auf mich übergreift. Die grünblauen Farben sickern vorsichtig in meine Lungen. Ich kann wieder atmen.

Das Gemurmel um mich herum wird leiser, die Lichter weniger grell. Und aus dem angedeuteten Weiß seines Kleides fließt die Gewissheit in mich, ein Stück meiner Erinnerung, inmitten all meiner Trauer, wieder gefunden zu haben.

Und trotz der Augenbinde und der Nacht, in der ich fortgebracht wurde, trotz des Drehens im Kreise weiß ich auf einmal, in welche Richtung ich gehen müsste, um wieder zurück zu gelangen.

Der Ball liegt vor mir. Glatt, mit nicht zu fassender Oberfläche.

Und er leuchtet orange-rot vor dem tiefen Grün. Wieder rollt er weg, und ich laufe ihm nach.

Aber nicht dem Ball, sondern dem Weg.

(Claudia J. Schulze)

Die Zeit heilt keine Wunden –
wie könnte sie,
 da doch die Zeit selbst die Wunde ist.

(Claudia J. Schulze)

Am Grab duften die Blumen.
Ich rieche es nicht.
Ich stelle es nur fest.

(Claudia J. Schulze)

ZEITVERSCHWENDUNG

Einst bat man mich etwas zum Thema „Tod" zu schreiben. „Man hört ihn überall", hatte ich gesagt. „Und das Leben ebenso". Doch vor allem: „Es ist niemals eine Zeitverschwendung um Menschen und um den Verlust von Menschlichkeit zu trauern."

Ich bekam dafür eine Note. Ehrlich gesagt war sie nicht sehr gut. Was ich geschrieben hätte, sei nicht gut genug um veröffentlicht zu werden. Doch glaube ich noch heute, dass sie nicht verstanden haben was ich gemeint hatte. Mein Blatt, meine Seite in der dicken Anthologie blieb leer. Nein, leer blieb sie nicht. Sie wurde einfach von jemandem überschrieben.

Von jemandem, der wohl Verständlicheres zu sagen hatte. In Reimen sogar.

Und doch, auch wenn es niemals für gut, noch nicht einmal für ausreichend befunden wurde bleibe ich dabei: Um Menschen zu trauern ist niemals eine Zeitverschwendung.

(Claudia J. Schulze)

VERLASSEN

Rosenbusch, dir will ich´s klagen, was mein Herze so
Bedrückt.

Rosenbusch, dir muss ich´s sagen, wie ich einstens war
beglückt. Ach, wie schmiegte ihre Wange sich so sanft an
Meine Brust,

Führte mich aus finsterm Drange zu des Herzens höchster
Lust.

Und wie lieblich war ihr Lächeln und der Augen
Strahlend´Blick,

Berührte mich, gleich leisen Zephirs Fächeln, hob mich
Empor zu wahrem Glück.

Ihre Haare seidig wehen gleich dem Vließ aus Kolchis-Land,

Seh´sie bei den Rosen stehen, und sie reicht mir ihre Hand.

Bricht die schönste von den roten und gedenket sie mir zu.

Ihre Lippen hauchen leise nur das eine Wörtchen: „Du".

Rosenbusch, nun ist´s verklungen dieses schöne
Frühlingslied. Nachtigall hat ausgesungen, Herbstwind Über
Stoppeln zieht.

Bunter Blätter herbstlich Rauschen dringet in mein weh´
Gemüt,

Lassen mich von ferne lauschen wie das Glück vorüberzieht.

Rosenbusch, dir kann ich's klagen, dass ich nun so einsam

Bin,

Rosenbusch, wirst du mir sagen –

Was ist dieses Lebens Sinn?

(Klaus-Wolfgang Schulze)

BLICKE

David ist tot. Auf Facebook lese ich davon. Warum ausgerechnet auf Facebook? Warum hat mich Tabea nicht angerufen? Ich starre auf den Bildschirm. Ein Gedicht von Rilke, ein Bild von ihm mit seiner Freundin auf ihrem Profil, ein See im Hintergrund. Ich wähle die Nummer von Jan. „David ist tot", schreie ich in den Hörer. Ich weiß, dass ich hysterisch klinge. Jan rastet sofort aus und nennt Tabea wieder einmal eine Lügnerin. „Er ist nicht tot, Quatsch! Die will sich von ihm trennen oder so, das ist alles! ",Doch! Ich weiß, dass sie mit so etwas keine Witze macht, mit sowas nicht! "Zwar hatte sie ihn in den letzten Monaten isoliert, hatte den Kontakt sabotiert mit Ausflüchten und Lügen, doch das hier wäre dennoch nicht ihr Stil. Mein Herz hämmert. Mir ist schlecht, ich schwitze. Jan sagt irgendetwas. Ich höre nicht mehr zu. Wie lange ich in der Wohnung auf und ab gelaufen bin, kann ich nicht sagen. Überhaupt ist die Zeit plötzlich eine andere. Irgendwann wähle ich Tabeas Nummer. Sie nimmt ab. Wir sagen nichts, weinen. „Wie ist es passiert? "Will ich schließlich wissen. Tabea bemüht sich darum zu sprechen, es fällt ihr schwer. Natürlich. „Plötzlicher Herztod", sagt sie leise. Ich kann das nicht verstehen. „Wie kann denn das sein?" Tabea weint wieder. „Wann ist er gestorben?" „Vor einer Woche". Automatisch rechne ich nach. „Wird er eingeäschert? " „Ja". Meine Fragen erscheinen mir selbst mechanisch und surreal, doch muss ich trotzdem weiter fragen. Es ist die letzte Chance. Wenn er schon seit einer Woche tot ist werde ich ihn, seinen Körper, nicht mehr lange sehen können. „Wann wird er…. "„Morgen Abend". Wir schweigen. Schließlich wage ich es die letzte Frage zu stellen, vor der ich selbst die meiste Angst habe. „Kann ich ihn nochmal sehen? ". „Ja", sagt sie nur. „Morgen um 10 bin ich dort". Ich lege auf. Morgen also werde ich das, was von meinem Freund noch da ist, sehen. Der Blick auf ihn wird es endgültig machen. Wie wird das sein?

David, seine warmen Augen, David beim Skifahren, beim Mittagessen in der Uni, beim Tanzen, beim Baden im See. Er kann nicht tot sein. Das Telefon klingelt wieder. Jan ist dran. „Er geht nicht an sein Handy! " Ich kenne diesen Tonfall. Jan weiß nicht mehr weiter. „Es ist wahr", sage ich. Stille. Fast ist es, als könnte ich in seinen Kopf kriechen, fühlen wie er darum kämpft die Fassung nicht zu verlieren. „Ich habe gerade mit Tabea gesprochen", sage ich. „Morgen wird er eingeäschert." Warum erwähne ich seinen Namen nicht? Ist er jetzt nur noch ein „er"? Ich weiß, dass ich Jan nicht fragen brauche, ob er ihn noch einmal sehen will. Jemand wie Jan kann das nicht ertragen. Alles an ihm ist Leben. Ich glaube, dass er noch nicht einmal einen schwarzen Pulli besitzt. Er würde nicht kommen. So was erträgt er nicht, ich kann das verstehen. Ehrlich gesagt weiß ich selbst nicht wie ich das durchstehen soll. Und ich bin ziemlich geübt darin.

In meinem Schrank hängt nicht nur ein schwarzer Pulli, ich habe ein ganzes Set davon. Viele Beerdigungen in der letzten Zeit. Zu viele…. Aber David? David? In dieser Nacht schlafe ich nicht. Immer wieder stehe ich auf, schalte den Computer an, gehe auf Facebook und lese die Todesmeldung. Schwarz auf weiß. Vielleicht hilft mir das es zu begreifen. Tut es nicht. Meine Augen brennen, und meine Kopfschmerzen werden vom inneren Weinen immer heftiger. Das innere Weinen ist noch schlimmer. Am nächsten Morgen fährt mich meine Schwägerin zum Waldfriedhof. Ich könne nicht fahren, sagt sie. Ich glaube ihr, denn mein Gesicht im Spiegel spricht Bände. Der Weg erscheint mir heute so lang zu sein. Ich bin nicht das erste Mal auf diesem Friedhof. Heute jedoch wird mir vom lauten Schlagen meines Herzens beinahe übel. Sie begleitet mich bis zur Aufbahrungshalle. Betont aufmunternd läuft sie neben mir her, ihr Gang soll wohl Mut suggerieren. Immer versucht sie so tapfer zu wirken. Sie öffnet die Tür, zuckt dann, als sie einen Blick auf die Tür zum Aufbahrungsraum wirft und dabei Davids Namensschild liest, zusammen, obgleich sie ihn gar nicht kennt. Nur seinen Vornamen, von meinen Erzählungen. Nun, da sie diese angeordneten Buchstaben sieht, wird ihr wohl bewusst, dass es mehr als ein Name ist, was mich hinter dieser Tür erwarten wird. „Ich bin dann am Auto", sagt sie nun sehr leise, bemüht rücksichtsvoll, dreht sich um und geht. Ihre Schritte sind langsamer und federn nicht mehr so wie noch auf dem Hinweg. Ich denke nun nicht mehr nach. Ich weiß, dass ich handeln muss, weil ich es mir sonst vielleicht doch noch anders überlegen könnte. Also drücke ich die Klinke herunter und öffne die Tür. Kälte bildet eine unheimliche Mauer, eine Anlage kühlt zuverlässig den gesamten Raum. Tabea sitzt schon dort, auch ein Mann, vermutlich ist es sein Vater. David liegt in der Mitte, zwischen den beiden. Nun verschwimmt alles in meiner Erinnerung. Ich weiß nicht mehr was ich gesagt habe. Irgendwann berührte ich seine eisige Hand und seine Stirn. Wächsern und erschöpft liegt er da, die Augen geschlossen. Natürlich. Auf so etwas wird hier geachtet. Mir fällt der erste Tote ein, den ich in meinem Leben gesehen habe. Es war auf einer Brasilienreise gewesen, einen jungen erschossenen Mann hatte ich dort gesehen. Seine Augen waren weit aufgerissen. Seither verstehe ich besonders, warum man den Toten die Augen schließt. Und in Davids Fall bin ich dafür ganz besonders dankbar. Nichts konnte sich nämlich mit seinen Augen jemals messen, gemessen haben.

Es mag merkwürdig klingen, doch bereits als Kind war es mir schwergefallen die Blicke anderer Menschen zu ertragen. Prüfend, spöttisch und wertend waren sie mir erschienen, beinahe sogar feindselig.

Nicht bei ihm. Sein Blick ruhte so warm auf mir. Er vermochte es in mir eine nie gekannte Sicherheit zu erzeugen. Nun ist er verloschen, wird niemals wieder etwas erblicken. So gänzlich unvorstellbar! Irgendwann klopfte meine Schwägerin an die Tür. Es muss sie Überwindung gekostet haben. Doch kann sie es nicht leiden, wenn das Mittagessen zu spät serviert wird. Sie muss kochen. Ich gehe mit ihr, betäubt von diesem Vormittag. Im Auto schließe ich die Augen. Und wieder sind sie vor mir, in meinen Gedanken. Diese unvergleichlichen Augen und dieser Blick, der warm auf mir ruht. Ich möchte diesen Blick in Erinnerung behalten. In mir wird er nicht verlöschen. Nicht, solange ich mich an ihn erinnern, ich ihn fühlen werde.

Beinahe ist er bei mir, ich glaube ihn plötzlich deutlich zu fühlen. „David", denke ich. „Mein David". Was ist nur auf uns alle niedergekommen... Müdigkeit. Fast schlafe ich ein. Seine Augen sind bei mir und begleiten und beruhigen mich. „Bleib hier, David", bitte ich ihn in meinen Gedanken. „Bleib hier!" Ich möchte meine Augen nicht wieder öffnen. Die Fahrt dauert lange, schon wieder so lange. Doch nun ist es anders. Vollkommen anders. Jahre später fragte mich eine Bekannte, ob ich den Tod von David nun überwunden habe. Überwunden? Wie meint sie das? Ihre Augen, klein wie böse Nadeln, fixieren mich. „Nein", gebe ich zur Antwort. „Es geht nicht weg, es verändert sich nur." Mit einer schnellen, wegwischenden Handbewegung, die ein nonverbales „Papperlapapp" ausdrücken soll, meint sie knapp und von oben herab: „Dann trauerst du falsch!".

Kann man falsch trauern? Kann man jemals aufhören um einen Menschen wie David zu trauern? Um das, was ihn ausmachte und um seinen Blick? Die Frage ist so absurd, dass ich entscheide sie nicht zu beantworten. Und ein Blick in diese kalten Augen mit der kleinen, zusammengepressten Pupille mochte mir Recht geben.

SPUREN IM SCHNEE

Johann erinnerte sich an den ersten Weihnachtsabend nach dem Tod seiner Frau. Allein war er durch den Schnee gestapft, mittlerweile auch ohne sein Hündchen, das, er vermutete vor lauter Kummer, seiner Agnes nur zwei Monate später nachgefolgt war.

Neun Monate war er nun also ganz allein ohne Agnes und Hector, und niemals hatte er sich in seinem Leben so einsam gefühlt. Es schneite, und die Landschaft erinnerte an die zuckrige Erzählung aus einem Märchen. Aus den erleuchteten und weihnachtlich dekorierten Fenstern schien die reine Weihnachtsfreude zu ihm zu dringen. Welch Gegensatz zu dem, was er nun hatte. Vorbei alle Freude. Gestorben zunächst mit Agnes und dann, ein weiteres Mal und endgültig, mit Hector. Musik und Gelächter drangen auf die Straßen.

Weihnachtsfreuden.

Eine Freude, an der er nun nicht mehr teilzunehmen vermochte. Die Schneeflocken tanzten über sein Gesicht und mischten sich dort mit Tränen, die, wie er fand, niemanden etwas angingen. Ganz fest dachte er an Agnes und an Hector. So fest und ausschließlich, dass kein Platz mehr für Trauer blieb. Schließlich beschloss er den Spaziergang zu beenden und wieder in sein Haus zurückzukehren. Bereits von weitem empfand er es nicht als verlockend. Kalt und leer stand es vor ihm, die Fenster nichts als Augen ohne Blick. Er senkte den Kopf, das tat er immer, wenn er Mut schöpfen wollte. Er senkte in solchen Situationen den Kopf, um ihn dann blitzschnell emporzurecken und sich somit selbst Mut zu machen. Für Agnes und für Hector würde er dieses Haus aufrechten Ganges betreten, Er dachte ununterbrochen an die beiden. Es schneite nun weniger heftig.

Wie er so stand, mit gesenkten Kopf, auf seine innere Kraft wartend, welche ihn aufrichten würde, da sah er etwas im Schnee. Er zitterte, denn er glaubte nicht was er da sah. Und doch war es da. Es waren Fußspuren im Schnee. Direkt neben seinen. Doch war er sich sicher, dass er während der gesamten Zeit seines nächtlichen Spazierganges keinen Begleiter gehabt hatte. Und doch. Ganz deutlich und parallel zu seinen Fußspuren sah er ein kleineres Paar, dicht neben seinen.

Und dann, rechts neben diesen waren Pfotenabdrücke im Schnee zu erkennen. Agnes war immer rechts von ihm gelaufen, Hector wiederum rechts von ihr. "Kommt mit ins Haus, wenigstens heute", bat er in die Stille der Nacht hinein. Bald darauf sah man ein Licht, welches Johann im Haus entzündete. Die Vorhänge waren nicht verschlossen, und man sah ihn wie er sich im Haus bewegte. Vom Sofa hin zu Tisch, in die Küche, wieder zum Tisch. Alles deutete darauf hin, dass er allein war. Doch hin bis zu seiner Tür zeigten sich drei paar Fußspuren. Der Schnee war zwar dabei sie allesamt unter sich zu begraben.

Wenn man aber genau hinsah, dann konnte man noch deutlich den Abdruck der Pfote eines kleinen Hundes erkennen.

(CJ. Schulze)

HIER

Bleib hier, so bleibe doch nur hier!

Wie oft dacht´ ich dies still bei mir-

vergebens.

Und doch *warst Du,*

warst Du bei *Dir*

`

Einst so voll des Lebens.

(Claudia J. Schulze)

HEIMKEHR IN DEN KOSMOS

Niemand weiß, was die Parzen ihm gesponnen,
Und was der Lebensfaden ihm gewährt,
Auch wann der Atropos gespitzte Schere
Des Fadens Ende allzu bald beschert.

Das Schicksal hält uns fest umfangen
Und lässt uns keine Freiheit nicht,
Ob wir auch hoffen oder bangen,
Nichts gilt der Wunsch, sobald das Fatum spricht.

Doch eine Hoffnung kann uns niemand wehren,
Dass wir nicht ganz und gar ins Nichts vergeh´n,
So lasst uns heim zum Kosmos wiederkehren,
Und unsern Dienst im Weben der Natur verseh´n.
Drum denk´an mich in stiller Stunde,
Wenn Dich die Trauer übermannt,
So höre nun auf meine Kunde,
Aus der Du mich sehr bald erkannt.

(Klaus-Wolfgang Schulze)

MENSCHEN

Rastlos irren graue Seelen allerorten bar schon aller Träume
Ohne Zweck und Ziel durch gar endlos weite Räume.
Richtungslos in wüsten öden Fluren,
Und der Wind verweht bald ihre Spuren.

Noch voll Hoffnung wurden sie geboren,
Voller Tatkraft, Seligkeit und Glück.
All dies haben sie schon längst verloren,
In der frühsten Jugend blieb's zurück.
Rauhe Stürme wehten her von Norden,
Graue Nebelschleier wälzten sich heran.
Mit dem Regen ist es dann auch Nacht geworden.
Das Gras verblich, die Wüste dort begann.

Männer, Frauen, Kinder, Greise gehen alle durch die Weite
Ohne Wünsche, ohne Freuden, und das Stundenglas verrinnt.
Blinde Augen, leere Seelen ohne Ende
Reichen sich ganz still die Hände,
Und so zieh'n sie durch das Land, ungeliebt und ungekannt.
Und in diesem langen Zuge hast auch du dich eingereiht,
Folgst den Spuren dieser andern, die dem gleichen Weg geweiht,
Fragst du, Herz, nach dem „Warum"?
Alle Münder bleiben stumm.

Zur Erde, aus der einst du gekommen, wirst du bald
zurückgenommen.

Rastlos irren Seelen allerorten bar schon aller Träume
Ohne Zweck und Ziel durch gar endlos weite Räume.
Richtungslos in wüsten, öden Fluren,
Und der Wind verweht bald ihre Spuren.

(Klaus-Wolfgang Schulze)

DER FROST

Herbstfrost hat wohl in der Nacht
Blütenknospen auserkoren,

Und so sind *die* nun erfroren,
Die am Tage noch gewacht.

Lebensfaden ward zerschnitten
Von der Parzen grimmen Händen.

Hoffnung, Träume müssen enden,
Lebenskreis schon ausgeschritten.

(Klaus-Wolfgang Schulze)

WÄRME

Kalt mag es sein
in manchen Nächten –

wenn wir missen
die wir lieben -

Und doch ist uns
von ihrer Wärme

das Wichtigste geblieben.

(Claudia J. Schulze)

SCHMERZ UND TROST

Ich weiß es nicht wer von uns beiden
Zuerst muss scheiden aus dem Licht.
Doch dem, der länger weilt,
Dem bleiben Schmerz und Trauer,
Und den, der flieht,
Den greift die dunkle Nacht.
O hartes Los, das auf uns Menschen lastet!
Kaum hat sich Herz mit Herz verbunden,
Sich treue Seelen eng gefunden;
Schon legt der Fährmann an am Ufer
Des Acheron, der uns vom Hades trennt.

Wen trifft´s, den er zum Einstieg lädt,
Und wer steht tränenvollen Auges
Am Ufer stumm

Und kann dem Gang nicht wehren?
Wir schau´n uns an, und größer wird die Weite,
Aus der sich unser Blick noch treffen kann.

Lass' schwinden nicht, mein Herz, die Hoffnung

Auf´s Wiedersehen – im Hades
Oder gar in goldnen Auen?
Werd ´ich Dein schönes Antlitz wieder schauen?
O lass mich still den Traum der Hoffnung träumen.
Das Band der Liebe eint auch in getrennten Räumen.

Fest will ich darauf meine Hoffnung gründen,
Dass wir uns einst auf ewig wiederfinden.

(Klaus-Wolfgang Schulze)

WAS BLEIBT

„Von dem bleibt auch mal nichts mehr übrig!". Missmutig schob Zeljko den alten Mann durch den Park. Den Rollstuhl hätte man sich sparen können. Wegen der paar Wochen, die dem Alten noch blieben.

Zeljko spuckte seitlich hinter dem Wagen aus. Das hatte keinen besonderen Grund, nicht mal einen symbolischen Charakter, wenngleich ihm die Arbeit als Altenpfleger ganz außerordentlich auf die Nerven fiel. Die Alten konnten ja nichts dafür. Immerhin sicherte ihre siechende Existenz ihm selbst genug Geld, das er nachhause schicken konnte.

Nachhause, zu seiner großen Familie, die aus Kindern, Schwiegerkindern und zahlreichen Enkeln bestand.

Stolz erfüllte seine Brust, als er daran dachte, dass von ihm, ja von ihm, dem relativ armen Mann, etwas bleiben würde.

Seine Kinder und Enkelkinder würden schon dafür sorgen, dass es mit ihm, Zeljko, auch nach dem Ableben noch weitergehen würde.

Von dem Ballast im Rollstuhl, der allerdings kaum noch ins Gewicht fiel, konnte man das schwerlich behaupten. Er zwang sich ihn anzusehen.

Pergamentartig fügte sich die durchsichtige Haut um den Greis, gerade so als wüsste sie, dass man ihn in diesem Stadium seines Lebens nicht mehr allzu fest und all zu warm umschließen durfte.

Die Haut, sie wusste es. Sie spürte den nahenden Abschied und machte sich daran sich zu lockern, sich ein wenig von dem, was da im Sterben begriffen war, abzusetzen wie etwas Königliches, wie etwas, das es nicht verdient hatte zu sterben. Pergament „Ja", dachte Zeljko. „Die Haut", sie sollte dableiben. „Auf ihr würden die späteren Menschen lesen können wie in einem alten, unwiederbringlich vergangenen Buch."

Gleich darauf schämte er sich dieser abwegigen Gedanken. Immerhin stand fest, dass von diesem zerbrechlichen alten Ding, welches schon gar nicht mehr wusste welcher Wochentag war, geschweige denn wer die aktuelle Regierung seines Landes bildete, gar nichts, wirklich gar nichts bleiben würde.

Ein beachtliches Bundesverdienstkreuz am Bande hing über dessen altem, mahagonifarbenen Arbeitsschreibtisch.

Eingestaubt wie fast alles in dieser ehemals herrschaftlichen Wohnung.

Zeljko fühlte eine wundersame Mischung von Neid und Abscheu in sich aufsteigen, wenn er daran dachte.

„War dieses Geschöpf, dieser Abklatsch eines Menschen, denn nicht schon jetzt ebenfalls Staub?"

Warum nur musste man sich denn überhaupt noch Mühe mit ihm geben? Ärger stieg in dem Pfleger auf, und er fühlte den dringenden Wunsch den Rollstuhl mit einer ungeschickten Bewegung umzustürzen — so wie er dieses ganze System umstürzen wollte.

Er, das Familienoberhaupt einer großen Familie, musste sich hier in dem reichen Land um Menschen kümmern, die diese

Bezeichnung seiner Ansicht nach schon längst nicht mehr verdienten. Strandgut waren sie, nichts weiter.

Missmutig widersetzte er sich diesem Wunsch und rollte den Stuhl nahe an eine Parkbank heran, zunächst in die Richtung, die es ihm erlaubte das Wesen, welches darin festsaß nicht auch noch ansehen zu müssen.

Doch aufgrund der Abschüssigkeit des Hanges musste er den Rollstuhl unter finsterem Gemurmel schließlich doch in seine Blickrichtung schieben.

Die Augen des über 90-Jährigen waren dunkel und glänzten ein wenig. Nichts sonst glänzte mehr an diesem abgetragenen, stumpf und schwach gewordenen Körper. Es gelang Zeljko nicht sich

diesem Blick zu entziehen. So sah er ihn mit einem Gefühl von Angst an, wobei er sich nicht erklären konnte wie ein solch wehrloser Alter noch Angst zu erzeugen imstande sein konnte. Vor allem, da es wohl sicherlich nicht in seiner Absicht lag. Überhaupt nichts lag mehr in seiner Absicht, und so ertrug Zeljko diesen Blick. Wie lange wusste er selbst nicht.

Dann, mit einem Mal öffnete der Alte seinen Mund und formte mit den weißen, dünnen Lippen einen Satz, der Zeljko erschaudern ließ, denn mit dunkelglänzenden Augen und offenbar frommem Wunsch im Herzen wagte es dieser Greis sich etwas zu wünschen: „Ich will zu meiner Mama", sagte er lächelnd mit dem Anflug einer sicheren, zarten Vorfreude auf dieses in nicht allzu weiter Zukunft liegende Ereignis.

Zeljko wusste nicht warum, doch konnte er für eine lange Weile nicht mehr aufhören zu weinen. Nur der Greis war sein Zeuge, und der würde sein Weinen nicht weitertragen. Viele Gedanken überkamen in zu gleicher Zeit.

Was war denn von seiner eigenen Mutter geblieben?
Nun ja, immerhin doch mehr als von diesem kinder- und enkellosen Greis? Immerhin...doch etwas in ihm konnte mit einem Mal nicht mehr so recht daran glauben.
War wirklich mehr von ihr geblieben, von seiner geliebten Mutter, als es von diesem erbarmungswürdigen Etwas bleiben würde?

Eine Antwort fiel ihm nicht ein, zu sehr verwirrte ihn der plötzliche Gedanke, dass dieser Alte nichts grundsätzlich Anderes war.

Er war in diesem Augenblick gleichsam alle Menschen.

Stumm folgte Zeljko nun seinem Blick, den glänzenden schwarzen Augen, in denen er einen kurzen Schalk aufblitzen sah.

Die Augen richteten sich nun gen Himmel, und seine Züge entspannten sich gänzlich. Ganz sanft schien die Haut ein wenig zu ihm zurückgekehrt zu sein. Zeljko konnte den Blick nicht mehr von ihm wenden, so sehr er es auch versuchte.

Und dann schließlich wusste er, fühlte er, dass von diesem kleinen, dünnen Mann im Rollstuhl etwas bleiben würde. Für immer, ungeschuldet der Tatsache, dass jenes, was für immer blieb, der Hauch eines kleinen Augenblickes war - nicht kürzer und nicht länger als das Leben selbst, gezählt jenseits unserer Begriffe und Zahlen.

Der Alte im Rollstuhl blickte von unten zu Zeljko hoch. Zunächst so, als könnte er dessen Gedanken aus ihm herauslesen, blickte er ihn an. Er betrachtete ihn mit solch unüblichem Interesse als sei Zeljko der erste Mensch der ihm jemals begegnet sei.

Dieser fürchtete seinen Blick nun nicht mehr. Ohne zu zögern legte er seine Hand an die Wange des Alten um vorsichtig darüber zu streifen. Nicht mehr als der Flügelschlag eines Schmetterlings sollte diese Berührung ihn leise streifen, denn, das wusste Zeljko, musste man mit der Haut des alten Mannes sehr vorsichtig sein.

Es lag ihm daran etwas von sich dort zu hinterlassen, ihm und der Haut auf diese Art mitzuteilen, dass er, Zeljko, dagewesen war.

Den Alten schien das nicht zu wundern.

Sein Lächeln erinnerte nun an das Lächeln eines Kindes, und Zeljko musste sich zwingen nicht zurückzulächeln. Ein wenig Haltung wollte er bewahren. Immerhin hatte er als Familienoberhaupt eine gewisse Vorbildfunktion. So lächelte er nicht.

Den gesamten Weg zurück blieb sein Gesicht ohne Regung. Doch es fiel ihm schwer.

DIE WEIHNACHTSAUFFÜHRUNG

Ich war die Maria. Ich sollte die Maria sein. Bei der Weihnachtsaufführung in unserer Schule. Bei den Proben war ich, das versteht sich, regelmäßig dabei, und es ließ sich nicht vermeiden, dass ich in dieser Zeit eine gewisse Bindung zu der mir anvertrauten Puppe aufbaute, die den Jesus in der Krippe darstellen sollte.

Schon damals machte ich in dieser Beziehung keine halben Sachen. In keiner Beziehung. Es war nur eine Frage der Zeit, und schon hing ich so sehr an dem kleinen Jesus, dass ich mich wirklich wie seine Mutter fühlte. Umso unnatürlicher erschien es mir daher bald zu sein unsere innige Beziehung vor einem anonymen Publikum auszubreiten.

Meine Lehrerin nannte es Lampenfieber, doch war es mehr als das.

Ich weigerte mich aufzutreten. Hinter dem Vorhang vernahm ich das Gemurmel der Zuschauer. Ich saß bereits in voller Marienmontur auf meinem Schemel neben der Krippe, Josef stand ebenso bereit wie all die anderen Darsteller auch, als mich das blanke Entsetzen packte.

Ich nahm den kleinen Jesus rasch an mich und verließ die Bühne fluchtartig. Der Direktor versuchte mir noch Jesus zu entwinden, doch unterschätzte er die alles überwindende Kraft des Mutterinstinktes. Gut, ich war erst neun Jahre alt, aber trotzdem. Auf die Schnelle wurde der Klassensprecher zur Maria umfunktioniert. Einen Ersatz für meinen Jesus gab es allerdings nicht, was mich erleichterte.

Dass ich selbst so schnell ausgetauscht werden konnte, erschien mir nicht besonders gravierend zu sein. Hätte man aber auch ihn so ohne weiteres ersetzt, ich hätte damit zu kämpfen gehabt.

Doch immerhin war dies nicht der Fall. Der Klassensprecher, in eine Art Laken gehüllt, deutete nur mit Blicken und Gesten zur Krippe hin, die Illusion erzeugend, dass da ein Kind liegen musste.

Er bot pantomimisch wirklich alles, um das Ganze möglichst glaubwürdig zu gestalten. Viele ließen sich täuschen. Ich jedoch nicht. Noch immer in voller Marienmontur beobachtete ich das Geschehen aus sicherer Entfernung.

Meinen Jesus trug ich fest und sicher bei mir.

Erst später, als ich älter wurde, funktionierten diese Dinge nicht mehr so wie damals. So viele die ich gern gehalten hätte musste ich gehen lassen.

Wie wir alle. Das Buch hier ist ihnen gewidmet.

(Claudia J. Schulze)